La carrera hacia ningún lugar

GIOVANNI SARTORI

LA CARRERA HACIA NINGÚN LUGAR

Traducción de Núria Petit

TAURUS

PENSAMIENTO

Penguin
Random House
Grupo Editorial

Título original: *La corsa verso il nulla*

Primera edición con esta encuadernación: junio de 2024

Printed in Spain – Impreso en España

ISBN: 978-84-306-2713-4
Depósito legal: B-10289-2024

Compuesto en Arca Edinet, S. L.
Impreso en Liber Digital, S. L., Casarrubuelos (Madrid)

TA 2 7 1 3 4

Índice

A Isabella, con amor

Premisa

De joven leía mucho. Y leí en su momento *Un mundo feliz* (1932) de Aldous Huxley. Era una distopía, o sea una contrautopía, proyectada en el año 2540 de nuestra era.

De entrada el libro me resultó muy estimulante, pero por divertido, por las cosas que inventaba. En aquellas páginas la reproducción humana se vuelve totalmente extrauterina y los seres humanos se dividen en castas.

La casta Alfa está constituida por los individuos que ocupan las posiciones de mando y la casta Beta por los individuos que realizan tareas administrativas. Luego están las tres castas inferiores (Gamma, Delta y Épsilon), en orden decreciente de capacidades cognitivas. Para combatir cualquier eventual infelicidad hay una droga llamada *soma,* que es una especie de opio.

He vuelto a pensar en ese libro al leer la noticia de que la población de nuestro planeta ha superado los siete mil millones de personas. Y como en estas páginas no hablo de la superpoblación, aprovecho para recordar aquí que este es hoy el problema número uno.

Originariamente tenía en mente como título de este libro «En marcha hacia el colapso». Para expresar que estamos avanzando en medio de la tontería y la extravagancia costosa, pero sin ninguna idea ya de cómo seguir siendo tantos, demasiados. Entre estos dos títulos, que el lector escoja.

Capítulo 1

La parábola del bípedo implume

El hombre no es un mineral, ni siquiera un vegetal. Se ha dicho que es un «bípedo implume». No sé a quién se le ocurrió la idea, pero no importa. En el transcurso de la historia, de tarde en tarde esta idea reaparece, aunque no es frecuente, y a mí me gusta porque nos recuerda que el hombre es un animal raro. Casi todos los animales son cuadrúpedos y casi todos están protegidos por una piel peluda. Por citar un caso, los avestruces son bípedos, pero están cubiertos de plumas (no son implumes). Y la historia de los bípedos implumes se pierde en la noche de los tiempos.

Durante milenios el hombre ha producido muchísimas civilizaciones, algunas desaparecidas y otras todavía vivas, pero estas civilizaciones nos han dejado únicamente mensajes de sabiduría. Los chinos, por ejemplo, a pesar de Mao, siguen estando imbuidos del extraordinario legado de Confucio. O la filosofía budista, relegada a los márgenes del hinduismo, pero difundida más allá de la India. Lo esencial es que siempre se trata de consejos de sabiduría y de buena vida.

La religión aparece muy tarde, mostrando toda su fuerza, con el Dios de los judíos. El mensaje religioso del Antiguo Testamento marca todavía hoy a las comunidades judías, al igual que el del Nuevo Testamento, que llega mucho después, marca al cristianismo. Por último, unos seiscientos años después de Cristo, llega el mensaje islámico, que algo tiene del Antiguo Testamento.

Dicho esto, en mis escritos juveniles sobre la democracia todavía utilizaba las categorías de Kant, para el cual los sistemas democráticos no podían existir sin ideales, sin un «deber ser», entendiendo el deber ser como irrealizable, pero pese a todo como alimento esencial de una democracia. En rigor, los ideales se inventan no para ser realizados en su plenitud, sino para alimentar justamente la tensión ideal que debe sostener la democracia.

Más tarde descubrí a Isaiah Berlin y adopté sus conceptos de «libertad negativa» y «libertad positiva». Pero tampoco estas nociones me convencían del todo, porque la libertad positiva de Berlin rescataba el «perfeccionismo democrático» que yo siempre había combatido y cuyo inevitable resultado siempre he pensado que era el fracaso. Así, en mis escritos más recientes mi fórmula se ha convertido, por un lado, en «democracia y/o libertad protectiva» o «democracia y/o libertad defensiva» y, por otro, en «democracia y/o libertad distributiva». Pero de eso ya he tratado ampliamente en otras publicaciones. Aquí me interesa establecer que ni la política como estructura de un Estado ni la disciplina han existido nunca hasta que se inventó la democracia liberal.

Desde la caída del Imperio romano de Occidente, salvo algunas excepciones, su territorio fue gestionado por diversos grupos de pretorianos. Posteriormente, en la Alta Edad Media, nuestra civilización se encerró en los monasterios fortificados, donde todo el poder estaba en manos del superior. La Baja Edad Media, entre los siglos XI y XV, asistió luego al desarrollo de las ciudades marítimas y su bienestar, sin que por ello la política dejase de ser un dominio reservado.

Hasta entonces, siempre se había dado por descontado que el poder político estaba enteramente y sin condicionante alguno en manos de los reyes y de su séquito de príncipes, duques, marqueses y señores varios. El soberano podía encarcelar a quien le viniera en gana en la Bastilla o en la Torre de Londres. En definitiva, la política era solo fuerza: la fuerza de quien era o se convertía en el más fuerte.

Los Estados pasaban de mano en mano con las guerras, con las alianzas entre los poderosos del momento y con los matrimonios. A ello hay que añadir que, después del cisma protestante y de una guerra que duró treinta años, se afirmó también el principio del *cuius regio eius religio.*

El caso es, por lo tanto, que solo hace un puñado de siglos que los ciudadanos tenemos un Estado que no es simplemente la fuerza del más fuerte. ¿Cuándo ocurrió? ¿Cuándo empezó el Estado tal y como lo conocemos hoy? Diría que a finales del siglo XVII, con John Locke, y principios del XIX, con Benjamin Constant.

Luego vinieron las revoluciones de 1830, que trajeron como consecuencia los estatutos y las cartas que diversos soberanos se vieron obligados a conceder. Y el texto que marca el advenimiento y define la estructura del Estado como lo conocemos actualmente fue «De la Liberté des Anciens comparée à celle des Modernes», el célebre discurso pronunciado por Constant en 1819, en el cual contrapone dos conceptos distintos de libertad: la practicada por los antiguos y la otra propia de las sociedades modernas.

En resumen, la política fue la fuerza a discreción del más fuerte, del más poderoso, hasta que se inventó la democracia liberal, que es, precisamente, el producto de un pensamiento abstracto que comprende sin ver, digamos, con los ojos cerrados.

Arnold Toynbee *(Estudio de la historia)* hallaba en toda la historia de la humanidad veintitrés civilizaciones y declaraba que únicamente sobrevivían cinco. Pero su recuento ignora la política. Si la incluimos, queda una sola, la nuestra. El *Homo sapiens* debe todo su saber y todo su progreso a la capacidad de abstracción. Se entiende que las palabras que articulan el lenguaje humano son símbolos que evocan también «representaciones», es decir, que devuelven a la mente imágenes de cosas visibles y que hemos visto. Pero eso sucede solo con los nombres propios y con las «palabras concretas» (como las denomino en aras de la simplicidad expositiva), es decir, con palabras como *casa, cama, mesa, carne, coche, gato, mujer* y similares; nuestro vocabulario práctico, por así decirlo.

Por lo demás, casi todo nuestro vocabulario cognoscitivo y teórico consiste en «palabras abstractas», que no tienen ningún equivalente preciso en cosas visibles y cuyo significado no se puede reconducir ni traducir en imágenes. *Ciudad* todavía es «visible», pero *nación, Estado, soberanía, democracia, representación, burocracia,* etcétera, no lo son; son conceptos abstractos, elaborados mediante procesos mentales abstractos, que designan entidades construidas por nuestra mente.

Son abstracciones «no visibles» también los conceptos de *justicia, legitimidad, legalidad, libertad, igualdad, derecho* (y *derechos*). Asimismo, elegidas al azar, palabras como *desempleo, inteligencia* y *felicidad* son abstractas. Y toda nuestra capacidad de gestionar la realidad política, social y económica en la que vivimos, e incluso de someter la naturaleza al hombre, se basa exclusivamente en un «pensar por conceptos», que son en principio entidades invisibles e inexistentes.

Los llamados «primitivos» lo son porque en su lenguaje priman (dejando aparte las fabulaciones) las palabras concretas, lo cual permite la comunicación, pero poquísimas capacidades científico-cognoscitivas. Y, de hecho, los primitivos están desde hace milenios sujetos a la pequeña aldea y a la organización tribal.

En cambio, los pueblos avanzados lo son porque han adquirido un lenguaje abstracto —que también es un lenguaje de construcción lógica— que permite el conocimiento analítico-científico. Entendámonos, algunas palabras abstractas (algunas, no todas) son en cierto modo traducibles a imágenes, pero se trata siempre de traducciones que son solo un sucedáneo infiel y empobrecido del concepto que tratan de «visibilizar».

Por ejemplo, el desempleo se traduce por la imagen del desempleado, la felicidad por la fotografía de una cara contenta, la libertad mostrando a una persona que sale de la cárcel. En rigor, podemos incluso ilustrar la palabra *igualdad* mostrando dos bolas de billar y diciendo «He aquí dos cosas iguales», o ilustrar la palabra *inteligencia* mostrando un cerebro. Pero eso solo serían distorsiones de los conceptos en cuestión. Y tampoco las propuestas de traducción que he citado traducen casi nada. Mostrar a un desempleado no hace entender en modo alguno por qué existe el desempleo y cómo afrontarlo. Del mismo modo, mostrar a un preso que sale de la cárcel no explica la libertad, la visión de un pobre no explica la pobreza y la visión del enfermo no explica la enfermedad.

Por consiguiente y en síntesis, todo el saber del *Homo sapiens* se desarrolla en la esfera de un *mundus intelligibilis* (de conceptos y de constructos mentales) que no es en modo alguno percibido por nuestros sentidos. Y lo importante es esto: la televisión invierte el progreso de lo sensible a lo inteligible y lo destruye mediante el retorno al puro y simple ver. La televisión y el mundo de Internet producen imágenes y borran conceptos, pero así atrofian nuestra capacidad de entender. Me he citado a mí mismo deliberadamente (*Homo videns*, 1997) para mostrar que la alarma había sido invocada a tiempo; pero era una alarma incómoda (y no remunerativa) para la economía financiera y para las grandes comilonas de los expertos en sondeos.

Volvamos a la díada originaria de libertad negativa y libertad positiva que yo había abandonado y sustituido por libertad defensiva y libertad distributiva. Esta última, tras la caída de la ideología marxista se presenta hoy disfrazada de cómoda «globalización». Por eso hoy insisto siempre preferentemente en la noción de «libertad protectiva» o «libertad defensiva».

La partida estaría perdida si la libertad protectora no se basara en el principio del *habeas corpus*, que también es inteligible para el *Homo videns* de hoy, dado que la imagen es transparente incluso simple: «Tienes derecho a tu cuerpo». Lo cual equivale a decir que nadie puede disponer de él en contra de «tu voluntad y sin tu consentimiento». Es el único derecho individual, en definitiva, del cual disponemos. Mi libertad está condicionada, en la vida, por la libertad del otro y debe respetar la libertad del prójimo (y viceversa, por supuesto). Pero, en la muerte, debemos ser libres de morir como queramos.

Así pues, la política ha sido una fuerza a discreción del más poderoso (del momento) hasta que se inventó la democracia liberal. Que, insisto, es producto del pensamiento abstracto. La partida no está perdida si somos capaces de contraponer al apetito siempre creciente de la democracia distributiva, y a la retórica cada vez más hinchada que lo acompaña, la democracia protectiva del *habeas corpus*.

Capítulo 2

Revoluciones verdaderas y revoluciones falsas

Ideología es una palabra nueva, que no tiene más de dos siglos. *Revolución* es una palabra más antigua, pero hasta la Revolución Gloriosa inglesa de 1688-1689 solo se usaba en el sentido astronómico de movimiento constante y recurrente, de movimiento circular (la revolución de los planetas en torno al Sol). Y, en realidad, ni siquiera la Revolución Gloriosa fue una «revolución» en el sentido actual del término. Empezó como una invasión, incitada por Guillermo de Orange y sin oposición, y fue casi exclusivamente una «revolución constitucional» que formalizó, en la Cámara de los Comunes, el final del absolutismo y marcó el inicio de la monarquía parlamentaria.

En todo caso, la que fue una verdadera revolución (desde nuestra perspectiva) fue la primera, la de Oliver Cromwell y sus puritanos «santos en armas» en los años 1644-1660. Cromwell mandó decapitar a Carlos I, instauró una república (Commonwealth) y se convirtió en su Lord Protector. Sin embargo, nadie llamó «revolución» a la de Cromwell.

Para llegar a la primera auténtica revolución que se declarase como tal hay que esperar a 1789 y, al declararse así, la Revolución francesa cambió el significado astronómico del término: una «revolución» ya no era un movimiento recurrente, sino al contrario, un golpe detonante. Desde entonces la palabra *revolución* indica una «ruptura» y más exactamente un asalto-conquista «desde abajo» del poder que, luego, reestructura ese poder.

Por supuesto, la historia está llena de sacudidas y revueltas populares, pero no eran revoluciones porque no estaban alimentadas por un designio, carecían de «proyecto»: eran explosiones y nada más. Asimismo, la historia abunda en golpes de Estado y revueltas de palacio que sin embargo no consideramos revoluciones porque «no hay masas». Así, hoy en día entendemos por revoluciones únicamente sublevaciones populares movilizadas por ideas y por ideales que prefiguran un «orden nuevo». Por consiguiente, la Revolución francesa fue un nuevo tipo de acontecimiento registrado e inscrito en un nuevo concepto.

Hasta aquí, todo el mundo puede estar de acuerdo. Pero el marxismo logró poco a poco introducir dos añadidos a la noción de revolución. El primero es que las revoluciones que no son «de izquierdas» no son auténticas revoluciones. De ello se deduce que solo las revoluciones marxistas, las revoluciones de matriz comunista, eran y son efectivamente tales. No obstante, en 1989 casi nadie se atrevió a sostener que las revoluciones en los países del Este que acabaron con los regímenes comunistas eran contrarrevoluciones, revoluciones reaccionarias. Y así la izquierdización del concepto se disolvió. *Parce sepulto.*

El segundo añadido, en cambio, es serio. Intuitivamente, se usa *revolución* por «acontecimiento revolucionario», es decir, por un conjunto circunscrito de acontecimientos: el ataque desde abajo, una serie de actos de fuerza y de violencia, y finalmente la reestructuración del sistema de poder. Digamos que esta es la definición «política» de revolución. El marxista la extiende.

Para él, la revolución no acaba con la conquista del poder y la implantación de un nuevo orden político; para él, la «verdadera revolución» también debe implantar un nuevo orden económico y social. La definición marxista de revolución, por lo tanto, es una definición omnicomprensiva: política, pero además *social.* A primera vista, el añadido es convincente. En el pasado, yo mismo consideraba que se podían dar dos definiciones de revolución, una estricta (política y circunscrita) y otra omnicomprensiva (económico-social), siempre que se mantuvieran separadas y se emplearan apropiadamente. Pero de esta forma, según pienso ahora, no tenía en cuenta el veneno escondido en la cola.

La revolución «ampliada», es decir, entendida en sentido amplio, es en sustancia una revolución sin fecha de caducidad. La definición política de revolución configura, en cambio, un acontecimiento que debe terminar y que termina (exactamente igual que la guerra) en un momento preciso: con la derrota del vencido y la victoria del vencedor. Por el contrario, la definición omnicomprensiva configura una revolución que no termina nunca y, por lo tanto, desemboca en la teoría de la revolución permanente. Si la revolución debe rehacerlo todo, y al final del final debe rehacer incluso al hombre, entonces puede tener que continuar hasta el infinito o en todo caso *ad indefinitum*.

Lo que se discute no es —fíjense— si las revoluciones tienen, no tienen o deberían tener una continuación económico-social. Es bastante obvio que, de hecho, siempre es así. En la realidad nunca se ha visto que una revolución se detenga y se encierre dentro del palacio que ha conquistado (si así fuera, se agotaría en un golpe palaciego). Y también yo pasaré a sostener, dentro de poco, que la parte importante de las revoluciones es lo que producen *después*, cuando concluye el hecho revolucionario. Ahora se trata de saber si la intervención económico-social del régimen instaurado por la revolución debe llegar también por «métodos revolucionarios», con todos los muertos a los que haya que matar (sin fin).

Es realmente importante entonces distinguir entre revolución y ese después, y limitarse a la definición estricta y puntual de revolución. Si los límites entre acontecimiento revolucionario y gobierno posrevolucionario (una vez la revolución ganada y el Estado reconstruido) se borran, la «revolución permanente» se convierte en la justificación de la «dictadura permanente». Muchas gracias, pero no. Por mucho que se quiera insistir en que la revolución política es una revolución «incompleta», repito que lo importante es que la continuación de la revolución en el contexto económico-social no tenga lugar con los métodos violentos del acto revolucionario. De lo contrario, la revolución se autodestruye: cuanto más permanente se vuelva (y por tanto más violencia perpetúe), tanto más devora a sus propios hijos o, mejor, a los hijos que hubiera podido tener. El emblema de la revolución comunista es el mito de Saturno.

Hasta ahora hemos visto la definición de revolución. La «cultura de la revolución», en cambio, se refiere a la exaltación de la revolución. Hasta mediados del siglo XX la idea de que la violencia fuese «buena» era una idea, si es que lo era, de pequeñas sectas de conspiradores. La idea general (de los revolucionarios) era que la revolución era necesaria y que la violencia era, por desgracia, un efecto secundario inevitable. Pero en aquellos años, en Occidente, empezaba a haber generaciones de jóvenes que nunca habían pasado hambre, ni una guerra, y menos revoluciones, es decir, ninguna experiencia auténtica, en carne propia, de violencia y muerte. Eran también, y quizás justo por eso, generaciones idealistas, fácilmente convertibles al perfeccionismo democrático.

El perfeccionista considera que los ideales deben realizarse al pie de la letra. Cuando se da cuenta de que, al forzarlos, producen resultados inversos, su receta solo consiste en aumentar la dosis, en exagerarlos. Y, a la vista del inevitable fracaso, se inicia un círculo vicioso. Al final, el perfeccionista se ha convertido en revolucionario. Lo existente es intrínsecamente malvado y, para extirpar el mal del mundo, es preciso destruirlo y crear un mundo nuevo *ab imis fundamentis*. A este impulso, a esta rabia, la cultura de la revolución le proporciona la coartada intelectual: la idea de que nada cambia (de verdad) sin violencia y, al mismo tiempo, la idea de que la revolución es en sí misma un acto creativo.

La gravedad de la tesis de que sin violencia no puede haber un «cambio radical» no debe desdeñarse. Que la historia ruge de violencia y de sangre es desgraciadamente cierto. Pero el elogio de la violencia, la idea de que la violencia es no solo necesaria sino también redentora no es anterior a las *Reflexiones sobre la violencia* de Georges Sorel. Observa acertadamente Sergio Cotta: «El hecho verdaderamente característico de nuestro tiempo es la *exaltación* de la violencia. Hasta el siglo XIX no hallamos ningún rastro importante de esa exaltación» (*Las raíces de la violencia,* 1987, ed. orig. 1978). Si se enseñaba a usarla, de hecho, es porque se creía que en algunas circunstancias se trataba de un mal necesario y en ningún caso de un bien. Así pensaba también Maquiavelo. En el pasado es cierto que se pueden encontrar no pocas exaltaciones de la fuerza, pero se trata justamente de la fuerza, no de la violencia.

Como la exaltación de la violencia iguala violencia y fuerza, es importante reafirmar la distinción. Se entiende que la fuerza, o mejor, el uso de la fuerza puede derivar en violencia, pero como el hielo que se disuelve en agua, así también la fuerza que se transforma en violencia se convierte en violencia. Violencia es una forma brutal de hacer daño; la fuerza de por sí, no. La fuerza manda, impone, subordina; la violencia agrede, hiere, destruye. La fuerza es una *vis coactiva* compatible con el estado de paz; la violencia caracteriza el estado de guerra. El Estado que me impone sus leyes y que, si las violo, me detiene, me lleva a los tribunales y me condena (con procedimientos judiciales correctos) es «fuerza», mientras que el agresor que me pone un cuchillo en la barriga, el asesino que me mata o una muchedumbre que me lincha son «violencia». ¿Fuerza y violencia son pues lo mismo? En los años sesenta y setenta hubo toda una noble competición para responder que sí, para nublar la distinción. Se empezó traduciendo mal, o comprendiendo mal, a Max Weber. Su conocidísima definición del Estado lo convierte en titular del «monopolio del uso legítimo de la fuerza física». Admitamos que la traducción puede ser también «monopolio del uso legítimo de la violencia». *A*un así, ¿cómo ignorar la calificación de «uso legítimo»? Uso legítimo es subordinación de la fuerza y/o de la violencia al Estado de derecho y a la judicialización de la política. Remitirse a Weber para hacerle decir que el Estado es violencia es una exageración tan evidente que revela una todavía más pasmosa ignorancia de hasta qué punto la condición humana es deudora de la civilización de derecho. Pero la distorsión de la teoría weberiana no es más que el principio.

La imagen del «mundo como violencia» se difunde en todas las casas a través de dos ventanas. Por un lado, se inventa la violencia que no se ve y no se siente, una violencia latente y omnipresente. ¿Quién ha dicho que la violencia requiera violentos y violadores? Johan Galtung (*Sobre la paz*, 1975) nos hace descubrir que no es así, porque son las propias estructuras las que nos violentan. Por otro lado, se sostiene que una definición «científica» de la violencia no puede acoger valoraciones negativas, que son entonces discriminaciones ideológicas. La ciencia es neutra y, por tanto, solo puede aceptar la violencia concebida como una interacción entre tantas, como una interacción «normal». Una normalización de la cual Harold L. Nieburg (*Political Violence*, 1969) saca la siguiente conclusión: la violencia es la prueba extrema de la vitalidad de los valores.

Sobre estas premisas se vuelven posibles todos los engaños y todas las estupideces. El del marxismo ha sido redimir la violencia propia (la viga) y denunciar sin descanso la violencia ajena (la paja). En los años sesenta y setenta un gran sector de la opinión pensó que el auténtico «violento» —el agente primario de la violencia— era el Estado; pero no, fíjense, el Estado de la dictadura del proletariado, sino precisamente y sobre todo el Estado democrático liberal (oportunamente exhibido bajo los rasgos infames de Estado capitalista burgués). Y el otro engaño fue inventar una «violencia destinada conscientemente a abrir un nuevo destino» (Cotta). Era la tesela que faltaba para transformar la revolución en «creación», en acto creativo y creador.

La idea central de la cultura de la revolución es, pues, que la violencia revolucionaria es en sí misma creatividad. No es cierto que los actos de violencia colectiva sean actos de destrucción. Es exactamente lo contrario: de la destrucción sale *eo ipso* la nueva construcción. ¿De veras? El ideólogo que sale de esa ideología se ve obligado a pensar (si no, no sale): pero ¿cómo es posible que la destrucción produzca creación?

Sí, es posible, pero con una condición previa concreta: que la revolución rompa un caparazón que contiene a un *nasciturus* vivo y vital. El argumento no es que de «cualquier» revolución derive la creación. El argumento, sin embargo, es que las revoluciones creativas «solo» son las revoluciones que liberan a una criatura a punto de nacer. De por sí la violencia destruye y nada más, pero si destruye los obstáculos que bloquean el designio de una ciudad y una sociedad mejores, entonces sí: la revolución será creativa en el sentido de que «elimina los impedimentos» de esa creación. Pero si no preexiste nada, no sigue nada. De por sí el acontecimiento revolucionario solo es desbloqueador. Y eso no basta. Para ser creativa, no basta que una revolución sea desbloqueadora; es preciso que el

Estado reconstruido por la revolución no sea un Estado que vuelva a bloquear. Las condiciones requeridas son dos: la primera, que sea un niño apto para nacer, y la segunda, que no se instaure después un Herodes que lo mate.

La Revolución francesa desbloqueaba la sociedad del absolutismo monárquico que la aprisionaba y proponía a la posrevolución el proyecto de la Ilustración, los ideales del Siglo de las Luces. Pero fue bloqueada de nuevo por el Terror y, por tanto los frutos que llevaba en su seno maduraron más tarde, en las revoluciones de 1830 y de 1848; casi todas de una violencia modesta, pero verdaderamente creadoras en su resultado, porque instauraron el Estado constitucional, o sea, el Estado «abierto» que «dejaba libre» a la sociedad. Despidiéndose de la tesis de que sin violencia no cambia nada, en las revoluciones liberales la violencia fue un simple empujón, mientras que el cambio fue enorme: se instauró el «Estado desbloqueador».

Pasemos ahora a las revoluciones inspiradas en el marxismo. En *Anti-Dühring* (1878), Engels nos deja con la frase altisonante de que el comunismo es «el ascenso del hombre desde el reino de la necesidad al reino de la libertad». Era, en sustancia, el mismo punto en el que nos dejaba también la doctrina de Marx. Y cuando Lenin se hizo con el poder en 1918, todavía se mantenía —en cuanto a designio de futuro— fiel al primitivismo libertario de sus Dioscuros. Lenin sabía cómo ganar una revolución, pero como no tenía ninguna idea de sobre qué edificar una vez ganada la revolución, su revolución cayó rápidamente en manos de la «fuerza de las cosas».

En términos de violencia y baños de sangre, el comunismo de guerra y el acceso al poder de Stalin superan a todos los primates. Pero, una vez destruido todo lo destruible, el despegue de la Revolución rusa en positivo solo creó una realidad indigna de creación.

El Estado que debía extinguirse se reconvirtió rápidamente en un Estado desmesuradamente más absoluto y más tiránico que el Estado zarista. El reino de la libertad no apareció jamás. Y, dentro del reino de la igualdad, se instauró una «nueva clase» dominante: los iguales más iguales que los demás. Si la violencia «crea» lo nuevo, lo inédito creado por la Revolución rusa fue la planificación y la economía centralizada impuestas por Stalin. Fue —y hoy todo el mundo lo reconoce— el peor invento de la historia: una mala economía que desembocó en la destrucción de la economía.

¿Stalin era necesario? La mayoría responde afirmativamente. Pero la necesidad de Stalin depende de cuál y cuánto fuese el retraso de Rusia alrededor del año 1914. La historiografía en boga hace mucho hincapié en que la Rusia de Nicolás II era un país socialmente atrasado y económicamente subdesarrollado. Socialmente atrasado sí, no cabe duda. Pero económicamente subdesarrollado, en cambio, no está tan claro. El hecho es que la Rusia de 1914 era la cuarta potencia industrial del mundo (la mitad de los obreros trabajaba en fábricas de más de quinientos empleados). Y si se tiene en cuenta que la tecnología militar era entonces la medida de la tecnología *tout court*, es un hecho que en aquellos años los británicos temían que los acorazados que estaban construyendo los rusos hundieran los suyos y los expertos militares de la época preveían que en el año 1917 Rusia alcanzaría el mismo nivel militar que Alemania.

Añádase a esto que el país era intelectualmente clave, vital incluso: junto a sus extraordinarios escritores y eruditos también exhibía matemáticos de primerísima fila. Por tanto, ¿Stalin era necesario? En mi opinión, fue nefasto. La Rusia de 1917 necesitaba una revolución desbloqueadora y Stalin, en cambio, la aprisionó mediante el Estado más bloqueador de la historia. Si la Rusia de los zares estaba atrasada, era porque se había quedado «políticamente» en el estadio en el que se encontraban en 1848 los países que hicieron entonces la revolución constitucional. Pero la potencia industrial y tecnológica no fue obra de Stalin, ya existía.

¿Mao Tse-tung era necesario? Cuando se puedan hacer libremente las cuentas, preveo que también para China la respuesta será negativa. Los chinos que viajan por el mundo son muy emprendedores y suelen tener éxito. También en China hacía falta tan solo la revolución desbloqueadora; Mao la volvió a bloquear. Y su tan aplaudida (por nuestros revolucionarios) «revolución cultural» no fue más que un gran salto atrás de destrucción de la cultura.

Quien sale del sueño dogmático del ideologismo debe cambiar de opinión: es falso que el cambio tenga que ser —para que haya cambio— necesariamente revolucionario, y que sea más revolucionario cuanto más violento. Y es igualmente falso que las revoluciones, para tener éxito, deban ser revoluciones «extensas», revoluciones con una violencia de larga duración. En todo caso, la verdad es la contraria, es decir, que a mayor violencia —tanto en intensidad como en duración— solo corresponde mayor daño y mayor destrucción. Los medios condicionan los fines y, a la larga, se apoderan del fin. La revolución que no acaba nunca es la violencia inacabable. Y la violencia inacabable es una mala sociedad.

La borrachera revolucionaria insensata del siglo pasado medía la revolución por la sangre derramada: cuanta más sangre, más auténtica la revolución. La verdad es que las revoluciones creativas siempre han derramado poquísima sangre: es el caso de la Revolución Gloriosa inglesa, de la Revolución francesa hasta el Terror (que fue su suicidio), de las revoluciones de 1848; en suma, de las revoluciones desbloqueadoras.

La ironía de todo este asunto es que, con el advenimiento de las democracias liberales, se pensó que las revoluciones perdían su razón de ser. La lógica de este convencimiento era impecable. Las revoluciones son necesarias frente a regímenes rígidos, sistemas «sordos» desprovistos de mecanismos de cambio. Por lo tanto, las autocracias, las dictaduras y las monarquías absolutas son sistemas que hay que destruir y basta. Pero las democracias son sistemas «flexibles»: pueden ser reformadas y están dotadas además de procedimientos capaces de recibir y tratar las demandas sociales. ¿Qué sentido tiene asaltar las democracias? En realidad, el asalto se ha producido, pero el hecho no se ha convertido en un asalto verdadero. Sí, las revoluciones han golpeado también a las democracias, pero la revancha ha sido que la democracia las ha vaciado.

Nuestros grupúsculos revolucionarios tienen una sola idea en mente, que no es otra cosa que una fijación errónea: la idea de que un nuevo mundo purificado del mal brotará misteriosa y milagrosamente de la creatividad de la violencia. Pero *ex nihilo nihil fit*, nada surge de la nada. El revolucionario «todo acción» sin nada en la cabeza no se convierte en palanca de la historia: es su enterrador.

La ironía del asunto no acaba aquí. En la premisa he aceptado que por revolución debe entenderse un movimiento «desde abajo». Esta noción toma como modelo la Revolución francesa y por eso va a misa. La ironía, por otra parte, es que la idea de que una revolución solo lo es si «sube» de las masas recibe un desmentido clamoroso precisamente con la Revolución rusa. Sí, también la Revolución rusa estalla desde abajo, pero a la luz de ese criterio no duró más de siete u ocho meses. La revolución desde abajo tan solo fue la revolución de febrero de 1917, con su rosario de revueltas campesinas. Pero la que cuenta es la Revolución de Octubre. El acontecimiento decisivo del pasado siglo estalla en el momento en que el poder pasa a las manos de Lenin (que en febrero todavía se hallaba en Suiza). Y la Revolución de Octubre se resume en una conquista militar de una noche —mientras el *demos* dormía— por parte de los guardias rojos y de los soldados revolucionarios: un golpe de mano que al día siguiente fue denunciado por los social-revolucionarios y los mencheviques del Congreso Panruso de los Sóviets como «golpe de Estado».

Por lo tanto, entre el 24 y el 26 de octubre de 1917 la revolución desde abajo se transmutó en pocas horas en una revolución desde arriba, y desde entonces todo el curso de la revolución comunista fue vertiginoso. En la Asamblea Constituyente de enero de 1918, de 707 electos los bolcheviques eran 175, y Lenin disolvió la Asamblea por la fuerza. Desde aquel momento todo fue esclavitud ininterrumpida «de los de abajo», y como los marxistas son partidarios de la definición extensa de revolución, es precisamente según su criterio como la Revolución rusa puede tildarse de revolución desde arriba.

Se podrá rebatir esto, retrospectivamente, diciendo que la revolución comunista se extravió y fue traicionada justamente por su trayectoria vertiginosa. En tal caso, la tesis es que una revolución desde arriba no puede tener éxito. Pero esta tesis choca con el clamoroso desmentido de la que fue extrañamente llamada «Restauración Meiji» de Japón (que no restauró absolutamente nada sino que lo revolucionó todo). En el breve lapso de veinte años, entre 1868 y 1889, Japón pasa de su Edad Media (el shogunato), un sistema cerrado y estanco, a la apertura hacia el resto del mundo y la modernidad. Esta transformación «ilustrada» (que es lo que significa el término japonés *meiji*) se hizo sin recurrir en ningún momento a la violencia, por parte de una reducidísima élite exquisitamente educada, y se trató en realidad de una transformación radical y a lo grande no solo del sistema político, sino también de la estructura social del país.

¿Cómo la consideramos? Si estimamos que no fue una revolución porque fue totalmente realizada desde arriba, entonces tampoco lo fue la de Lenin y sus sucesores. Si, en cambio, entendemos por *revolución*, como sostienen los marxistas, un cambio drástico en lo económico-social además de en lo político, entonces el Japón moderno nace de una revolución desde arriba.

Probablemente el pensamiento posideológico, liberado de orejeras y de tabúes, deberá revisar a fondo el concepto de revolución. Aquí me limito a señalar que la interpretación del concepto depende en gran medida de cuál sea, para nosotros, su característica central.

Si esta característica es el «cambio radical», entonces debemos admitir la revolución desde arriba como una variante de pleno derecho. Paradójicamente, como decíamos, el modelo de esta interpretación es (aunque desemboque en un fracaso) la revolución leninista.

Si, por el contrario, elegimos el modelo francés, entonces la característica central es la participación activa del *demos*. Pero, tanto si es desde arriba como si es desde abajo, ninguna revolución ha sido «creativa» en virtud de la cantidad de violencia desplegada y de la sangre derramada. Y esto es justamente lo que me interesaba demostrar.

Capítulo 3

El sistema electoral perfecto existe

Nuestros sistemas electorales explican, o en todo caso contribuyen a explicar, la historia de los fracasos de la política italiana. He repetido a menudo que existe un modo auténtico de permitir que el elector exprese sus preferencias en cuanto a los candidatos. Pero nunca lo he explicado. Para ello habría debido hacer la lista de todas las leyes electorales equivocadas y perjudiciales que hemos ido acumulando en las últimas décadas. ¿Recordar los errores sirve para evitarlos? En Italia evidentemente no. Pero voy a intentarlo de todos modos.

En la posguerra, y después de la experiencia del fascismo, era lógico adoptar un sistema proporcional normal, que funcionó sin que proliferasen los pequeños partidos porque el miedo al partido comunista llevó a concentrar los votos en la Democracia Cristiana. Así, fue el PCI el que, sin querer, hizo funcionar un «bipartidismo imperfecto», el cual, aun siendo imperfecto, reconstruyó el país y produjo el milagro económico de nuestra posguerra. Francia, con un partido comunista mucho menos fuerte, se quedó en cambio empantanada en una «República de los diputados», que fue además un parlamentarismo anárquico y caótico.

Pero también nosotros, tras los años cincuenta y sesenta, tuvimos una *Gian Burrasca,* para ser exactos un Marco Giacinto Pannella, que a partir de 1963, y ahora diríamos que de forma vitalicia, se apoderó del partido radical y fascinó incluso a Mariotto Segni. A principios de los años noventa, Pannella consiguió persuadir a Segni (y a otros muchos, por supuesto) de que Italia debía adoptar un sistema mayoritario puro, que produciría inevitablemente un sistema bipartidista a la inglesa. Nunca una tesis estuvo más basada en el aire. He escrito repetidamente, durante décadas, que Pannella y los suyos erraban de forma garrafal. Y si bien durante décadas he sostenido que mientras que el sistema mayoritario a una vuelta habría roto nuestro sistema de partidos, el mayoritario a dos vueltas nos habría acercado en cambio al bipartidismo. Pero ¿cómo resistirse a la prepotencia y a los ayunos de Pannella? Venció también la cobardía de la Democracia Cristiana, que, aunque dividida, prefirió el Mattarellum, por considerarlo menos peligroso: un sistema mixto, mayoritario a una vuelta en un 75 por ciento y proporcional en un 25 por ciento, y con una sola Cámara. Con el Mattarellum empezó nuestra deriva electoral hacia la ingobernabilidad. La coartada invocada por los defensores del Mattarellum es culpar de la multiplicación de los partidos a la cuota del 25 por ciento de proporcionalidad en una sola Cámara. Lo cual es ridículo. Esta multiplicación fue debida a las «desistencias». Los partidos que no podían vencer en la contienda uninominal chantajeaban a los partidos grandes pidiendo a cambio de sus votos una serie de colegios electorales para ellos.

El bipartidismo imperfecto de Giorgio Galli funcionó (como tal) mientras el PCI fue fuerte y amenazador. Pero cuando Berlinguer y Andreotti se aproximaron, sus efectos multiplicadores se hicieron cada vez más evidentes. Gracias al Mattarellum llegamos así a la fragmentación partidista, que acabó con la gran alianza política del segundo Gobierno Prodi. Pero el remedio fue peor que la enfermedad. Fue la ley Calderoli, el denominado Porcellum.

Entretanto habían vuelto al candelero las preferencias —el voto de preferencia— que poco más de veinte años antes habíamos rechazado por aclamación. Da la casualidad de que ahora los votos de preferencia se compran incluso en Milán. Añádase a esto que las preferencias recrean partidos con corrientes o facciones encargadas precisamente de captar preferencias, que luego en realidad el pueblo no sabe o no tiene a quien dar.

Sin embargo, existe un sistema que permite e incluso favorece una expresión genuina de las preferencias de los electores. Es el mayoritario de doble vuelta. Yo lo he propuesto varias veces, pero nuestros legisladores no lo quieren. Ni quieren entender que la doble vuelta también es un indicador de preferencias. ¿Debo volver a explicarlo? Por amor a la patria, quizá sí.

Empezaré por recordar que el sistema mayoritario de doble vuelta (que funciona en la V República francesa) es, en la primera vuelta, como un sistema proporcional: cada elector expresa libremente su primera preferencia y, de este modo, introduce su elección en el mecanismo electoral. Obviamente, este es un mecanismo que descarta las preferencias de las minorías. Supongamos, por ejemplo, que mi preferencia sea Marco Giacinto Pannella. Sé perfectamente que mi voto será un voto perdido. Pero lo voto igualmente, y nadie podrá decir que no me haya sido dada la libertad de preferir y de escoger. En la segunda vuelta, en cambio, tendré que escoger a un candidato que sea mi segunda preferencia o que sea el que menos me desagrade. Pero también esta es una elección mía, no del partido o de la mafia. En ningún caso soy un absoluto desautorizado, engañado o coaccionado.

Berlusconi siempre se ha opuesto a la segunda vuelta. No ha entendido nunca —sospecho— que en su paquete de votos existe un núcleo duro, o mejor dicho, un electorado encaprichado con él, que lo vota o se abstiene. Si este electorado ve que en la segunda vuelta el candidato berlusconiano está fuera de juego, no vota y ya está. Pero votaría si el candidato del Cavaliere tuviera posibilidades de ganar. Este es seguramente el misterio que Berlusconi nunca entendió. Por lo tanto, si se quieren las preferencias, las podemos tener así. Pero el sistema mayoritario de doble vuelta —propuesto, aunque con intermitencias y sin demasiada convicción, por el Partido Democrático— no gusta a nadie más. Tal vez por ignorancia, no infrecuente entre nuestros legisladores, pero sospecho que sobre todo porque mandaría a demasiada gente a casa.

Pero volvamos a lo nuestro. La premisa de un sistema electoral perfecto (casi perfecto) es que deben estar prohibidas las coaliciones. Cada partido se debe presentar solo, proponiendo un solo candidato. De esta forma, cada partido tiene interés en presentar a su mejor candidato o, en todo caso, al candidato considerado electoralmente más fuerte, y los partidos minúsculos desaparecen solos (obviamente para las elecciones nacionales presidenciales). En el balotaje los designados serán cuatro o poco más. Y en la segunda vuelta, los candidatos menores pueden elegir entre retirarse —en tal caso obtendrán un derecho de tribuna— o seguir en liza, pero en tal caso perderán el derecho de tribuna.

No entro en otras posibles variantes de este esquema, que propondría también para la elección de la Cámara de las regiones. Aquí solo me interesa añadir de paso que vería bien para el presidente dos mandatos de cuatro años cada uno, interrumpidos por una elección intermedia, como se hacía originariamente en Francia. Pero por ahora lo dejaré aquí.

Me atrevería a decir que esta es una propuesta «limpia», sobre todo porque, hoy por hoy, es difícil prever a quién daría ventaja: el caos es demasiado grande (con Renzi, Grillo, Salvini, los abstencionistas y una avalancha de indecisos) para poderlo adivinar. Por una vez, sería fácil por el bien del país. En cambio, apenas se presentó la propuesta de la comisión de Asuntos Constitucionales del Senado, fue acogida con 222 enmiendas. ¡Vaya por Dios! Pero eso es porque a cada uno de los que se presentan solo le interesa el sistema electoral que le conviene a él.

Capítulo 4

Guerra terrorista o guerra al terrorismo

¿Estamos en guerra contra el islam? ¿La que se está librando entre Occidente y el terrorismo islámico es una guerra? Muchos creen que la palabra no tiene importancia y, por tanto, que cada uno puede denominar el acontecimiento que estamos viviendo como quiera. Sin embargo, la elección de la palabra es importante. Las palabras son nuestras gafas. Equivocar la palabra es equivocar la cosa.

Y el que no dice «guerra» cuando la hay es quien pierde esa guerra. O sea que quien usa la palabra *guerra* ve una cosa, y quien no la usa ve otra. Quien dice guerra se siente en peligro moral; quien dice otra cosa, no. En la guerra, si es que se trata de una guerra, combatimos a un enemigo; pero si la palabra es distinta, entonces el enemigo no existe y no hay nada o nadie contra quien combatir. Por tanto, ¿se está librando una guerra sí o no? En mi opinión, sí. Quien cree que no, usa para definir la guerra criterios pasados y del pasado. Mientras que la guerra de la que estamos hablando es una guerra totalmente inédita, sin pasado. Hay que calificarla como 1) terrorista, 2) global, 3) tecnológica, y 4) religiosa.

1. *Guerra terrorista.* Hay que calificarla así porque no la gestionan ejércitos que se enfrenten y porque su intención es «aterrorizar» al enemigo, matando indiscriminadamente y también (para aumentar el efecto de terror) de forma aleatoria.
2. *Guerra global.* Hay que llamarla así porque las guerras terroristas «internas» no son un caso nuevo. Pero ¿cuándo se convierte en guerra un terrorismo interno, local? La diferencia es de escala. El terrorismo de Irlanda del Norte, lo mismo que el de los vascos en España, no han tenido una «magnitud de guerra». Sí la han tenido, en cambio, el terrorismo tamil en Sri Lanka y el terrorismo palestino en Tierra Santa (que lo es, desgraciadamente, para ambos contendientes). Pero incluso este último sigue siendo, en conjunto, local, localizado. Fue con Osama bin Laden cuando el terrorismo se convirtió en guerra global: atacó también a países islámicos considerados moderados (con Arabia Saudí a la cabeza) o secularizados. Los antiglobalización deberían haber tomado nota: esta es la

globalización que hay que combatir más que ninguna otra, más mortífera que ninguna otra.

3. *Guerra tecnológica.* Es así tanto porque sus armas no son las de la guerra convencional (fusiles, cañones y bombarderos), sino armas impropias (desde las bombas humanas hasta las armas bacteriológicas que contaminan el aire o el agua), como porque se aprovecha de la altísima vulnerabilidad de la sociedad tecnológica. Esta es la novedad más novedosa, más relevante y más alarmante de todas.
4. *Guerra religiosa.* Especificarlo así es esencial porque, de lo contrario, no se entiende la gravedad y el alcance de la guerra cuya fecha inicial es el 11 de septiembre de 2001. Decir «guerra religiosa» no significa, obviamente, que el islam sea mayoritariamente fundamentalista, ni mucho menos que el fundamentalismo sea intrínsecamente terrorista. ¡No, por Dios! Quiere decir, sin embargo, que la extraordinaria fuerza del terrorismo islámico deriva de estos dos elementos: se alimenta de un fanatismo religioso y está protegido por una fe religiosa. El islam es un gran mar en el cual los terroristas son los tiburones. Por lo tanto, los terroristas islámicos no son peces fuera del agua o peces aislados, como los terroris-

> tas de matriz ideológica o nacionalista. Son peces en el agua, alimentados y multiplicados por el mar en el cual nadan.

¿El mar islámico los expulsará? Lo dudo. Si acaso, la perspectiva es que los sostendrá y reforzará cada vez más. Combatir el terrorismo islámico es inevitable y necesario. Pero igualmente inevitable, me temo, es que produzca un radicalismo islámico reforzado. En conjunto, estamos ante un espantoso *crescendo* de deshumanización. Las guerras de los últimos dos siglos eran frenadas por límites interiorizados. Ya no se saqueaban las ciudades, no se mataba a los prisioneros, se respetaba a los médicos y a los heridos y, tras un triste estreno en 1917, las armas químicas se prohibieron. Dentro de su inhumanidad, que es constitutiva de todas las guerras, los conflictos armados se iban en cierta medida «humanizando». Hoy ya no es así.

La guerra terrorista del ISIS, como la de Al Qaeda, es absoluta (es decir, desvinculada de cualquier tipo de límite) y de una ferocidad (véase Argelia, donde en veinte años de lucha contra el terrorismo hubo doscientos mil muertos) que nuestra memoria histórica no recordaba. Por tanto, debemos hablar de *guerra* porque debemos ser lúcidamente conscientes de que tenemos que enfrentarnos no solo a un enemigo, sino a muchos.

Nosotros no somos los agresores, sino los agredidos. Una guerra «santa» puede nacer solo de las vísceras de una religión, y de ninguna manera de las presuntas culpas de Occidente. Y se trata de una guerra cuyo componente militar es secundario. La guerra que nos ha caído encima se gana o se pierde en casa.

Se gana si sabemos reaccionar a la desintegración intelectual y moral en la que estamos cayendo. Y se pierde si dudamos de nuestros valores y de nuestra civilización ético-política. En este terreno se enfrentan dos tesis: la primera niega que estemos delante de un conflicto religioso, dado que la religión que está en liza es una sola; la segunda, en cambio, sostiene que, por un lado, hay un Occidente agredido y, por otro, un islam agresor.

En el origen, el nudo que hay que cortar es si el islam es invasivo respecto a Occidente o si es Occidente el invasivo respecto al islam. La cuestión es compleja. Si bien es cierto que Occidente es laico, que ya no emprende guerras de conquista y que el cristianismo ya no es una religión fuerte e invasora, no es menos cierto que Occidente es percibido por el islam como un invasor cultural y una amenaza mortal.

Mi idea es que, sin querer, los invasores iniciales e iniciantes somos nosotros. Es una tesis que tomo de Arnold Toynbee *(Estudio de la historia)*, que escribe: «Por primera vez en la historia de la humanidad ha surgido una civilización de carácter planetario que no conoce fronteras. Su poder de expansión es prácticamente ilimitado, lo cual la convierte, más allá y fuera de cualquier intención, en constitutivamente imperialista». Y añade: «La civilización occidental ha asediado literalmente las demás civilizaciones y las ha puesto ante un desafío de proporciones enormes, que posee la capacidad de agredir el código genético de las "otras culturas"».

Toynbee también pasa revista a las distintas respuestas posibles por parte de las sociedades agredidas. Una de estas es que «la sociedad agredida por las radiaciones culturales alógenas se encuentre en un estado de decadencia, o que sus estructuras básicas manifiesten una rigidez tal que haga imposible una rápida y eficaz respuesta adaptativa».

Si esto es así, está claro —repito— que los invasores somos nosotros. Lo somos involuntariamente. Pero la fuerza de expansión de nuestra tecnología y de nuestros instrumentos de comunicación es, de hecho, irresistible. La chispa que enciende el fuego es nuestra. Se entiende, por otra parte, que si esa chispa atiza un incendio colosal es porque el islam todavía es un sistema teocrático, es una civilización cansada o decadente que no tiene capacidad de adaptación y, por tanto, reacciona con el rechazo puro y simple.

La respuesta de Occidente a este problema es en parte contraproducente y en parte ingenua. Me refiero a la idea de que nosotros debemos hacernos cargo de la misión civilizadora de instaurar la democracia en tierra islámica. Así, mientras nosotros nos contamos a nosotros mismos que debemos «liberar» al islam, el musulmán percibe esa liberación como una agresión-destrucción cultural.

Entonces, ¿es el conflicto actual entre islam y Occidente un conflicto de civilizaciones? ¿Una guerra de religión? ¿Un conflicto ideológico? ¿O qué es?

Vayamos por partes, partiendo de la antítesis de fondo entre sociedades teocráticas «por la gracia de Dios» y sociedades laicas «por la voluntad de la nación». ¿Cómo hay que interpretar esta antítesis? Samuel Huntington, que escribió sobre ello en 1996, usaba el término de *clash*, «choque» (de civilizaciones). Pero esta expresión se tradujo como «conflicto» y fue cubierta de improperios: no resultaba políticamente correcta.

Sin embargo, ni siquiera la palabra *conflicto* justifica los anatemas que recibe. «Conflicto» no significa «guerra». Si se quiere decir «guerra» se debería decir «conflicto armado» o «conflicto bélico». Pero, de por sí, *conflicto* es un término que se usa en expresiones como «conflicto de ideas», «conflicto de intereses» y otras, sin sobreentender que se dispara o se mata. Por lo tanto, no veo cuál es la terrible distorsión mental producida por quien habla de «conflicto de civilizaciones». Dos civilizaciones pueden coexistir pacíficamente, ignorándose la una a la otra. Pero si no se ignoran y si, de hecho, se contraponen y se comparan, entonces el término *conflicto* es apropiado. Pues —repito— conflicto ni es guerra ni implica guerra.

Pasemos ahora a «guerra de religión». Ya hemos dicho que, si estuviéramos ante un conflicto de religión, entonces este conflicto se habría vuelto asimétrico: sería de una religión contra una no-religión, puesto que uno de sus componentes, el mundo islámico, todavía es teocrático, mientras que el otro componente, Occidente, se caracteriza por una visión laica del mundo. Por tanto, no hay nada engañoso en decir «guerra de religión» siempre que se precise que solo uno de los beligerantes está animado por un fanatismo religioso, con la misión de matar a los infieles y la certeza de ser recompensado, lo que da lugar incluso al «hombre bomba» (o a la «niña bomba») que se inmola en nombre de Alá.

A eso la mayoría responde que no es lícito hablar de «guerra de religión» por dos motivos: primero, la guerra de religión es tal solo para unos pocos; segundo, usando la expresión «guerra de religión» se acaba por promoverla. Ahora bien, los acontecimientos históricos no son nunca promovidos por todos y raras veces por mayorías. Nuestra denominada «revolución estudiantil» de 1968-1969 fue atizada y gestionada por un diez por ciento de la población estudiantil. Los denominados «kamikazes islámicos» son relativamente pocos, pero bastan sin embargo para tener al mundo en jaque. Sin contar que basta que haya un solo «Estado canalla» que posea armas químicas o nucleares para aterrorizarnos.

El segundo argumento es más serio. Si declaro que hay inflación, en cierto modo la promuevo. Así, si declaro que hay un conflicto religioso, en cierto modo contribuyo a convertirlo en tal. Sí, pero solo en una medida modesta. Y, por supuesto, no puedo eliminar una realidad borrando simplemente la palabra que la denota. Si hay inflación, la hay. Si existe un conflicto religioso, existe. Llamarlo con una palabra errónea solo nos lleva a errar en el diagnóstico y en la terapia. Un médico que afirma que una pulmonía es un resfriado es un médico que mata a su paciente.

También están los que, con tal de no admitir que el conflicto entre el islam y Occidente es religioso, prefieren decir que es ideológico. Una de las ventajas de esta tesis es que, mientras que el concepto de religión es bastante claro, el de ideología es mucho más oscuro. Y, de todos modos, no es exacto, pues si bien es cierto que algunos conflictos ideológicos del pasado fueron muy violentos, el obseso ideológico no se hacía explotar para ganar el paraíso, no era un creyente que aspirase al martirio. Y además, el conflicto entre democracia y comunismo fue un conflicto interno dentro de la cultura occidental. Marx era alemán, su materialismo histórico era una transformación del idealismo filosófico hegeliano, y Lenin escribió un ensayo para demostrar que Rusia no era una excepción en Europa.

Otra pirueta consiste en argumentar que Occidente es una falsa diana, un falso objetivo, porque la guerra del fundamentalismo es interna, va contra los Estados islámicos «moderados» que han sido corrompidos por Occidente (en realidad, por su petróleo) y han renegado del islam auténtico.

Ciertamente, la guerra «externa» contra Occidente debe distinguirse de la guerra «interna» entre musulmanes, pero los dos hechos están intrínsecamente conectados. Es cierto que si el fundamentalismo no conquista los Estados islámicos, no tiene fuerza suficiente para vencer a ese Occidente que sigue siendo el objetivo final, el «gran Satán» al que hay que destruir. Porque cabe recordar que es Occidente el que ha corrompido y humillado al islam desnaturalizándolo.

Finalmente, hay quien resuelve el problema afirmando que el conflicto con el islam no es religioso, no es ideológico y ni siquiera es cultural (de civilizaciones): es *sic et simpliciter* un conflicto político. Diciendo esto no se equivoca uno nunca, pero no dice nada. Todos los conflictos que se producen en la esfera privada (qué sé yo, entre marido y mujer) son privados. Y del mismo modo, todos los conflictos que se producen en la esfera política, son, por definición, políticos. La tesis, por lo tanto, es simplemente obvia.

Conclusión: un estudioso no tiene por qué exhibirse en acrobacias diplomáticas ni menos aún en astucias oportunistas. Lo que debe hacer, por encima de todo, es declarar abiertamente lo que piensa, y yo pienso que una realidad no se elimina (de la realidad) borrando las palabras que la denotan. La cuestión a la que nos enfrentamos es una cuestión de hecho. Si existe un conflicto de culturas, existe; si se da el hecho de que ese conflicto de culturas adquiere la dimensión histórica de conflicto de civilizaciones, entonces ese es el hecho. Y si, por último, Occidente se considera el «gran Satán», entonces el conflicto también es de naturaleza religiosa. La mayor parte de las cosas que oigo decir para demostrar lo contrario son un ejercicio evasivo de cobardía y de ceguera. Una ceguera, una voluntad de no ver, que no borra, insisto, la realidad, pero que nos impide afrontarla y, por eso mismo, nos aboca a la derrota.

Frente a esta situación, la nueva misión de Occidente es —como se ha repetido a ultranza— «democratizar el islam». Esta consigna es en parte un pretexto retórico y en parte una intención genuina. Y en tal caso comporta que Occidente deje de apoyar al grueso de los denominados «Estados moderados» islámicos e imponga elecciones libres, que en su mayor parte servirían para instaurar Estados fundamentalistas. Lo cual no introduciría ninguna democracia, sino que convertiría en «inmoderados» a los Estados que no lo eran. Sería verdaderamente un resultado estupendo. Que además es el resultado más probable, porque desde el punto de vista del islam esta democratización aparece como un designio invasivo, inaceptablemente invasivo, que devastaría la tradición coránica de arriba abajo.

Es evidente que los estadounidenses, que se esperaban que en Irak los recibieran como libertadores, igual que los recibieron en Europa en 1944-1945, no habían entendido nada de los problemas en los que se estaban enfrascando. Pero debo decir honestamente que también los europeos demuestran entender poco y mal lo que está sucediendo en Europa.

Capítulo 5

Cristianismo e islam, laicismo y religión

Como ya sabemos, tanto el cristianismo como el islam son religiones «fuertes», porque son monoteístas y totalitarias (exigen la total sumisión del creyente) y se constituyen como sociedades «teocráticas», es decir, basadas en la voluntad de Dios y la obediencia a Dios. Por estos dos motivos tanto el cristianismo como el islam son intolerantes (prohíben la apostasía y persiguen la herejía). También son religiones fuertes en el sentido de que son «invasivas»: deben convertir —y si no, matar— a los infieles, a los descreídos, a los que creen en falsos dioses.

Durante cerca de un milenio el cristianismo y el islam se enfrentaron y combatieron así, como dos religiones. Pero desde el siglo XVII, la *respublica christiana* se fue disolviendo y secularizando gradualmente, mientras que el islamismo siguió siendo una civilización teocrática. ¿Por qué? Paradójicamente, nosotros los cristianos nos secularizamos gracias a las ferocísimas guerras de religión internas entre católicos y protestantes. Aquel baño de sangre fue terrible y Europa salió de él agotada. Pidió e impuso la tolerancia. El islam no ha conocido nunca guerras de religión internas comparables con las nuestras. Wahabitas, sunitas y chiítas se degüellan entre sí, pero esporádicamente y a pequeña escala (al menos en comparación con lo que fue la carnicería europea). Y luego, aunque es cierto que cristianismo e islam son ambos, en principio, religiones fuertes, el primero siempre ha sido menos fuerte que el segundo.

Una primera diferencia es que el cristianismo se superpone a la civilización romana y no conquista nunca su derecho, el sistema jurídico. El derecho canónico es un derecho interno de la Iglesia, mientras que el derecho de la sociedad europea ha sido siempre, en su implantación, el derecho romano y, por lo tanto, un derecho autónomo. En cambio, el derecho islámico debe basarse y remitirse siempre a su derecho religioso.

En segundo lugar, el cristianismo no ha sido nunca una religión armada comparable con la «religión en armas» de las conquistas islámicas. En las cruzadas se luchó mediante persona interpuesta, por los señores y soberanos feudales, y su finalidad nunca fue conquistar y destruir el mundo de los infieles, sino sobre todo (saqueo de Constantinopla aparte) sustraer a los infieles Jerusalén y la «tierra santa» de la cristiandad. En general, pues, el «poder de la espada» se le prestaba de vez en cuando *a la* Iglesia de Roma, pero no fue nunca *de la* Iglesia de Roma.

Los ejércitos del Papa no han existido nunca. En cambio, los ejércitos del islam sí eran auténticos ejércitos. En poco más de un siglo después de la muerte de Mahoma (632 d. C.) el islam en armas había conquistado todo el norte de África y buena parte de España; otro brazo de la penetración islámica se extendió por el este, llegando hasta la India, y hacia el norte (aunque más lentamente) hasta Constantinopla; luego atravesó los Balcanes y no fue detenido hasta las puertas de Viena. Por lo tanto, el islam es *ab ovo* una religión guerrera, una fe armada.

En comparación con él, la Iglesia de Roma no lo es. Es cierto que este islam en armas se debilitó con la decadencia y se apagó con la derrota, pero siempre puede volver a encenderse, como vemos hoy con claridad. Y puede volver a encenderse con relativa facilidad porque el Corán sigue ahí, sigue leyéndose y venerándose, y mientras en el mundo cristiano el Antiguo Testamento ha sido refinado por el Nuevo, el Corán sigue anclado en el Antiguo Testamento.

Sea como fuere, el caso es que el monoteísmo islámico es desde sus orígenes más fuerte y más inoxidable que el monoteísmo cristiano. El primero brota, por así decirlo, de la nada, en el desierto, en un momento cero (dado que las civilizaciones mesopotámicas que lo habían precedido *in loco* ya habían desaparecido). El cristianismo, en cambio, se superpone a una civilización grecorromana preexistente que no desapareció nunca del todo (ni siquiera en la Edad Media más oscura) y que vuelve a emerger con fuerza en el Renacimiento.

Y es precisamente el Renacimiento el que proporciona las municiones culturales a la rebelión laica, que se inicia, después de las guerras de religión, con la tolerancia y la afirmación de principios y valores pluralistas. Tolerancia significa rechazo de cualquier dogma y de cualquier verdad única, y pluralismo significa, correlativamente, rechazo de cualquier poder único, monocrático y uniformador. La ciudad antigua temía el disenso, porque el disenso era discordia y la discordia la rompía y la debilitaba. La ciudad moderna, en cambio, aprecia el disenso, y al apreciarlo lo civiliza en *concordia discors*, o también en una discordia que se transforma al final en concordia. El edificio del constitucionalismo liberal se construye sobre estas premisas y, por tanto, se basa en la separación entre política y religión, en una convivencia pluralista y en principios y valores laicos: por un lado, la autonomía y la libertad individual, y por otro, la legitimación democrática del poder.

En síntesis, las sociedades teocráticas se basan en el principio de la voluntad de Dios y de la sumisión a Dios, mientras que las sociedades que son a la vez laicas y democráticas se basan en el principio de la voluntad del pueblo. Por lo tanto, las segundas son algo diametralmente opuesto a las primeras.

Entendámonos: el proceso de secularización de la sociedad occidental ha sido lento y ha tenido que superar muchos obstáculos, especialmente en los países católicos. El papa Pío IX publicó en 1864, como reacción en contra de las Constituciones y revoluciones liberales de 1848, la encíclica *Quanta Cura*, acompañada de una lista detallada de más de ochenta «errores», el *Syllabus:* una condena sin paliativos del liberalismo que concluía negando que el pontífice romano pudiera y debiera «reconciliarse [...] con el progreso, con el liberalismo y con la civilización moderna».

Recordemos, además, que la proclamación de la infalibilidad del papa (cuando habla *ex cathedra*) no se remonta a la Contrarreforma, sino al Concilio Vaticano I de 1870. Aun así, y aunque una Iglesia jamás se rinde del todo, es un hecho que hoy en día Occidente está secularizado, mientras que los pueblos del *Dar al-Islam* no lo están.

Estas son, obviamente, grandes generalizaciones. En realidad, Occidente no está completamente secularizado y el islam es islámico de varias formas, no es un monolito, no es un bloque compacto. Es oportuno aquí poner de manifiesto sus diversidades internas.

Un primer punto es establecer si existe un «verdadero» islam, un islam auténtico, y si este «verdadero» islam es fundamentalista o «moderado». Personalmente dudo que el Corán pueda dirimir la cuestión. En el Corán podemos encontrar todo lo que queramos. Tomemos, por ejemplo, este pasaje de la sura de la conversión: «Matad a los idólatras [los politeístas, los infieles] dondequiera que los encontréis, prendedlos, sitiadlos, acechadlos por doquier en emboscadas».

Parece casi una prefiguración del guerrillero terrorista. Pero inmediatamente después se lee: «Si luego se convierten [...] dejadlos ir, porque Dios es indulgente, clemente y misericordioso». Y aquí aparece, en cambio, el Dios del islam que aprieta pero no ahoga.

Yo, por lo tanto, no creo que exista un «verdadero» islam. De todas formas, lo que interesa saber es cuál es hoy el islam vencedor. Que me temo que sea el islam extremista y fundamentalista (por mucho que digan los intelectuales occidentalizados). En la historia, los ausentes, en este caso los islámicos durmientes que no son alcanzados por el bombardeo de las comunicaciones de masas, no cuentan, están desaparecidos. Los islámicos que cuentan son los que se han despertado por el mensaje del odio y del rechazo a Occidente. Porque se trata sin duda de «rechazo».

A diferencia de la respuesta al asalto cultural occidental de la India, de Japón y ahora de China, el islam referido a las masas es rígido, esclerotizado, es decir, que carece de flexibilidad, adaptabilidad y capacidad de respuestas creativas. Y con ello se consigue que, cuanto más se considera el Occidente laico con el deber de «liberar» al islam imponiéndole la democracia, más se siente el islam teocrático con el deber de liberar la propia fe de las incrustaciones occidentales y de contraatacar islamizando Occidente.

En segundo lugar, también debemos aclarar a qué llamamos «islam moderado». Si con esta expresión nos referimos a los intelectuales más o menos occidentalizados que viven en Occidente y combaten el fundamentalismo, recomiendan el «diálogo» y consideran posible y creíble un islam democrático, entonces su causa es la mía (aunque yo creo que un islam democrático ya no sería tal). Por lo tanto, declaro *pro veritate* que se supervaloran y que su influencia está muy sobrevalorada. Todavía pueden hablar, tal vez, a los islámicos instalados desde hace tiempo en Europa, pero no tienen ningún peso sobre los Hermanos Musulmanes de El Cairo, sobre las madrasas pakistaníes y, en general, sobre el islam movilizado por la predicación fundamentalista. La expresión «islam moderado» se refiere también a una serie de Estados árabes o de poblaciones musulmanas que se resisten a un fundamentalismo radicalizado que los querría abatir y conquistar: desde Arabia Saudí a Egipto, pero también, con más discreción, Argelia y Pakistán. Pero este islam es moderado sobre todo en el sentido de que no se declara en guerra santa contra Occidente.

Pasemos revista por un momento a esos llamados «Estados moderados». Arabia Saudí es una monarquía absoluta (en la cual el jefe religioso es el propio soberano) de credo wahabita, que oficialmente practica un islam especialmente cerrado y retrógrado. Y la mayor parte de los otros países está constituida por dictaduras civiles o militares que se imponen o se superponen al poder estatal (Túnez y, durante cierto tiempo, Mubarak en Egipto, por ejemplo), mientras que otros eran pura y simplemente dictaduras despiadadas y sanguinarias (Assad en Siria y todavía más, en el pasado, Sadam Husein en Irak). Pero el elemento común a todos esos regímenes es que si son laicos —en la medida en que lo son o lo eran— es porque son o eran dictaduras, de lo cual deriva que si la dictadura cae, entonces vuelve a emerger el sustrato teocrático de las mezquitas (el lugar en el cual «uno se postra»).

Siempre ha sido así. Hoy decimos *dictadura*, pero en el pasado su equivalente en el mundo islámico fue el *califato*. Es obvio que el Imperio islámico se constituyó como sistema de poder político, y que ese sistema de poder fue autocrático. Pero atención: *califa* significa «vicario» de Dios (y de su profeta), y a su poder le faltaba el de regular y determinar la práctica religiosa. Una práctica a la cual el propio califa estaba sometido y que tenía el deber de observar y hacer observar.

Bien mirado, el único Estado laico democrático y pluripartidista de población islámica ha sido en los últimos tiempos Turquía. Pero Turquía lo fue bajo tutela militar. En 1924 fue el general Kemal Atatürk quien impuso la modernización y la secularización del país. Después los militares intervinieron con fuerza tres veces, en 1960, 1971 y 1980, asumiendo también el poder durante breves periodos e incluso ahorcando en 1961 al primer ministro Adnan Menderes y a dos de sus ministros (para salvaguardar el Estado laico deseado por Atatürk). De no ser por su electorado islámico, hace tiempo que Turquía habría vuelto a la numerosa familia de las repúblicas islámicas; que es, de hecho, lo que gradualmente está sucediendo hoy.

Turquía no demuestra, pues, que el islam sea democratizable sino, en todo caso, hasta qué punto no lo es. Si Occidente obliga a los generales turcos a permanecer de veras en los cuarteles, en ese mismo momento perderá a Turquía como Estado de tipo occidental. En suma, durante más de ochenta años han sido los militares, paradójicamente, los que han salvado la democracia en Ankara. Y Occidente ha contribuido estúpidamente a neutralizarlos.

El otro caso digamos anómalo es Marruecos. Durante mucho tiempo expuesto a la influencia francesa, es el más modernizante de los Estados islámicos. (Turquía, de hecho, no tiene el sostén de legitimidad monárquico). A diferencia del Irán del sah Pahlevi, que no tenía un soberano consagrado por la religión, Marruecos se caracteriza por un soberano (constitucional) que realmente reina y gobierna, que ejerce un poder determinante y que es también el jefe religioso supremo del país, su inviolable y sagrado «defensor de la fe». Lo cual hace de Marruecos el Estado islámico (designado así por la Constitución) más inmune al asalto del fundamentalismo.

¿Y Pakistán? Pakistán es el Estado islámico más grande y populoso (después de Indonesia) y pasa por ser un Estado «moderado» porque su Ejército depende de la financiación de Estados Unidos. Como Egipto, también Pakistán contemporiza en un equilibrio precario. Ha tenido que ceder en la sharía, que reintrodujo en 1964 en el propio ordenamiento, y además cada vez está más amenazado por la explosión de sus madrasas, las escuelas islámicas que alimentan el fundamentalismo incluidas sus franjas terroristas.

De ese rápido examen se deduce, pues, que los llamados «Estados moderados» islámicos no son la salvación de Occidente, sino más bien Estados a los que hay que salvar.

Capítulo 6

Jus sanguinis, *jus soli* y residencia

Hasta ahora, la ciudadanía se ha basado en el *jus sanguinis*, según el cual el individuo adquiere por nacimiento la nacionalidad de sus padres, o en el *jus soli*, según el cual el individuo adquiere la nacionalidad del país donde nace. Los países muy poblados mantienen en general el primero; los países poco poblados adoptan en general el segundo.

Quisiera proponer un tercer criterio: la concesión de la residencia permanente, transferible a los hijos pero siempre revocable, a cualquiera que entre en un país legalmente con los papeles en regla y un puesto de trabajo, no digo asegurado, pero sí prometido o creíble. En espera de descubrir cuántos seremos, si los podremos absorber o no, esta fórmula concede tiempo y no hace daño. Por descontado, si a un residente se le pilla vendiendo droga en la calle, promoviendo la prostitución o si es un ladrón profesional, la residencia se suspende y la expulsión es automática (sin entrar en la maraña, a menudo alucinante, de nuestra jurisprudencia). Pero la inestimable ventaja de esta fórmula es que concede tiempo. ¿Cuántos seremos? ¿Cuál será el punto de saturación insuperable?

La única privación de ese estatus es el derecho al voto, cosa que no me parece terrible, a menos que los residentes en cuestión quieran crear su partido, que en Italia sería un partido islámico. De ser así, es lo que yo recomendaría impedir.

Dicho esto, debemos ponernos de acuerdo sobre lo que entendemos por *integración*. De entrada, afirmo que integración no es *asimilación*. Los judíos que viven desde hace tiempo en Occidente a menudo están perfectamente integrados, pero en absoluto asimilados. (Trato el tema en profundidad en *La sociedad multiétnica: pluralismo, multiculturalismo y extranjeros*).

Cuando pedí la residencia en Estados Unidos, me tomaron las huellas digitales. Me pareció obvio y no me ofendí. Pero recuerdo los gritos en Italia cuando se propuso lo mismo para los inmigrantes *sin papeles*, sin documento de identidad de ninguna clase y, por lo tanto, libres de inventarse un nombre distinto cada vez. Eran clandestinos y, para nuestra izquierda «de izquierdas» (¿se puede llamar así?), debían seguir siéndolo. A mí me parece, en cambio, que el ciudadano libre de un país libre debe dar la cara. No tiene nada que esconder y no se le debe permitir esconderse.

Por ejemplo, con ocasión de la inauguración de la Expo de Milán, el 1 de mayo de 2015, los del bloque negro asolaron lo que quisieron. Al final, fueron al hospital más agentes de Policía que manifestantes. Angelino Alfano, ministro del Interior, estaba contento: «Hemos evitado», exclamó triunfante, «el muerto de Génova». Bravo. Sin embargo, para reducir al mínimo la violencia bastaría con un procedimiento sencillísimo: que solo se permitieran los cascos a quienes van en moto. A los demás, no. De esta manera, nuestros héroes del vandalismo serían inmediatamente detenidos y fichados. No importa que al día siguiente se les suelte. A partir de entonces sería fácil neutralizarlos. Y si hubiera chichones en alguna cabeza, que fuera en la de los vándalos.

Volviendo al tema, es preciso aclarar bien qué entendemos por integración. En una sociedad pluralista un ciudadano está integrado si acepta el principio de que la Iglesia y el Estado están separados y la política se rige desde abajo, mientras que para el islam política y religión son inseparables y es la segunda la que debe guiar la primera. Por lo tanto, la antítesis es clara: la nuestra es una democracia, el islam es una teocracia. Y, por principio, está claro que no puede haber dos teocracias. Por supuesto, dos teocracias pueden coexistir si se ignoran, o si una de las dos reduce sus requisitos al mínimo. El mundo cristiano, después de siglos y tras sangrientos y ferocísimos conflictos, se ha vuelto débil. Una vez perdido el poder temporal, el Vaticano se ha reducido a poco más que una iglesia italiana.

El Vaticano presenta otro riesgo. El papa Francisco despierta muchas simpatías, pero a mi modo de ver, ha empezado mal. Para mí, sus prioridades con desconcertantes. Siempre está bien y forma parte del ritual que un pontífice hable de la paz. Pero el ritual no exige declarar que el dinero es «el estiércol del diablo».

Lo será, pero esta no es la prioridad del momento. Me deja perplejo, en cambio, que el pontífice siga manteniendo en vigor la prohibición de los anticonceptivos (no se puede matar lo que no existe). Y todavía me asombra más que haya tardado dos años en empezar a denunciar el exterminio de los cristianos en África y en otras partes, un exterminio que lleva practicándose mucho tiempo por varios grupos asesinos de yihadistas islámicos. Todo ello utilizando la coartada del exterminio de los kurdos hace setenta años. El papa de Roma controla el voto católico en las Naciones Unidas, en México, en toda América Latina e incluso en Filipinas. ¿Por qué no les pide su apoyo para imponer el embargo a todos los países que proporcionan a los asesinos islámicos financiación y armas?

Capítulo 7

Integración, asimilación y rechazo

Como ya hemos dicho, las sociedades tribales son la forma espontánea de agregación de nuestro «bípedo implume» cuando baja de los árboles. Eran gobernadas por el más anciano, que decidía de forma no colegiada cuando había algo que decidir. La tribu en parte cazaba y en parte cultivaba. Podía aliarse con las tribus vecinas, pero su relación con ellas también podía ser conflictiva. Pasa un milenio, pasa el otro y al final nacen las ciudades-Estado y luego los imperios mandados por un jefe absoluto (el más extenso fue el Imperio de Gengis Khan).

Pero volvamos a lo nuestro. Después de la caída del Imperio romano, durante toda la Edad Media la estructura político-económica fue la del castillo, que protegía a los campesinos y si era necesario los acogía entre sus muros (cobrando a cambio, por supuesto). Todo eso se regía por una economía agrícola. Cuando Thomas Malthus predijo que la población crecería más que la producción, basaba su previsión en la sociedad agrícola. Y los fieles de Alá se han quedado ahí. ¿Por qué? Porque la doctrina islámica, en este sentido, se ha vuelto bloqueadora y paralizante, impidiendo cualquier desarrollo político y económico. Mientras el Occidente liberal democrático creaba la sociedad industrial y luego inventaba nuevas formas de desarrollo económico, el Islam no lo ha podido seguir en este terreno y se ha bloqueado. También Turquía, que ha sido el Estado islámico más occidentalizado mientras estuvo controlado por los generales inspirados en Atatürk, ha basado su economía en el pequeño comercio del zoco.

Muchos Estados islámicos poseen hoy en día colosales instalaciones industriales. Pero no las han creado ellos, sino que las han comprado gracias a los enormes ingresos del petróleo. Poseen grandes intereses en la sociedad industrial del Occidente cristiano, pero esperan que el producto acabado ya exista. Lo saben gestionar (a menudo muy bien), pero no lo saben elaborar. La suya es una economía financiera, no una economía industrial, que —repito— no tienen.

La Europa de Bruselas, la llamamos así para abreviar, ha sido concebida como una entidad sin aranceles y sin barreras económicas y, por lo tanto, indefendible y fácilmente conquistable. Y millones de seres humanos, sobre todo africanos, están buscando comida y trabajo en esta Europa.

La Unión Europea, que hoy consta de 28 Estados, está obviamente pasando por un mal momento, aunque es importante distinguir entre los países de Europa del norte y los demás. Los primeros han sido acogedores e incluso un poco ilusos, dentro de lo posible; pero ahora están saturados y hasta decepcionados. La gran sorpresa ha sido que los musulmanes de tercera generación no solo no se han integrado, sino que son los más rebeldes, los más extranjeros. Por eso Suecia, Holanda, Dinamarca y sus vecinos restringen las puertas de entrada.

Debemos entender también que los inmigrantes, digamos genéricamente, de los países del norte vienen al sur porque aquí encuentran mejores salarios. Pero un polaco sigue siendo polaco, no quiere integrarse, porque no le interesa. Y lo mismo vale para un checo, un eslovaco y un danés. Si estos trabajadores se desplazan, es porque pueden ganar más, pero luego vuelven a su tierra.

El caso de los africanos y de los pueblos ribereños del Mediterráneo es totalmente distinto. Son poblaciones paupérimas que corren el riesgo, para empezar, de quedarse sin agua y de morir de malnutrición. Por lo tanto, estos refugiados vienen a Europa para sobrevivir y posiblemente para quedarse. Entre estos inmigrantes se infiltran terroristas islámicos que matan indiscriminadamente disfrazados de civiles o cubiertos con capuchas y pasamontañas. Este es un nuevo tipo de guerra que no se puede librar con los métodos antiguos. Los Estados atacados deben declarar la guerra al terrorismo islámico y, por consiguiente, emplear donde sea necesario todos los instrumentos de la guerra. Por ejemplo, pueden inutilizar los barcos antes de que se hagan a la mar (en la guerra no hay aguas territoriales protegidas).

Nuestros gobernantes, que están muy poco preparados, piensan que los refugiados que los están inundando vienen o vendrán solo de Libia y sus aledaños. No. Vendrán de todas partes a menos que se hundan (ya están viniendo también de Siria). Y además los «traficantes de la muerte» se dedican a enviar desde donde sea viejos barcos que están para el desguace a los cuales ponen pilotos automáticos bloqueados. Para interceptarlos a tiempo se necesitan drones. Por qué se niega a usarlos el presidente estadounidense es para mí un misterio. Sin embargo, apenas salen del estrecho de los Dardanelos, los pilotos se escabullen e inexorablemente estos carromatos del mar van a estrellarse contra alguna costa italiana. Me temo que Obama aún no ha entendido el problema. Pero parece que nuestro primer ministro aún lo ha entendido menos, ya que en su programa cuenta con las Naciones Unidas (en realidad, desunidas).

Capítulo 8

La ética de la intención y la ética de la responsabilidad

El islam árabe conquistó rápidamente los países mediterráneos adentrándose en buena parte de España, pero se desinteresó de la India. Durante siglos los sultanes árabes (o también turcos) miraron hacia el norte y llegaron, después de haber conquistado parte de los Balcanes, hasta Viena. El último asedio de la ciudad, en 1683, fracasó y entonces empezó la decadencia del sultanato, que fue definitivamente abolido en 1922.

Pero volvamos a la India. Ejércitos árabes no, pero comerciantes sí, y muchos. La India en cambio fue invadida varias veces desde el norte, por los mongoles. El nombre que todo el mundo conoce al respecto es el de Gengis Khan, que ocupó el poder entre 1206 y 1227, un guerrero mercenario famoso por su crueldad pero también un habilísimo guerrero que conquistó la mayor parte de Asia Central.

El imperio creado por Gengis Khan se desmoronó rápidamente después de su muerte. Pero el protagonista central de la historia de la India y del poder mogol fue Akbar, que reinó desde 1556 hasta 1605. Akbar (al que definiríamos como un déspota ilustrado) formuló la doctrina de la «paz general», basada en el principio de la tolerancia hacia todo el mundo. La solución de Akbar era aceptable tanto para los hindúes, que son politeístas, como para los musulmanes; pero después de su muerte la propuesta fue rápidamente arrinconada y, en el momento en que accedió al trono su hijo, era ya letra muerta.

La nueva época fue la del dominio colonial británico, que se desarrolló en el siglo XVIII. A su vez los musulmanes fundaron la Liga Musulmana en 1903 y, desde entonces, las tensiones entre hindúes y musulmanes no pararon de crecer.

Cuando los británicos abandonaron la India, en la segunda posguerra, la división entre hindúes y musulmanes no entraba en sus planes. Ni siquiera Gandhi la quería, pero los musulmanes prefirieron tener su Estado (Pakistán), que luego generó Bangladés al otro extremo del subcontinente. Pese al traslado increíblemente sangriento de las poblaciones musulmanas indias a Pakistán y Bangladés, aún quedan en la India catorce millones de musulmanes, que representan el grupo étnico-religioso más numeroso después de los hinduistas: el 1,80 por ciento. Estos musulmanes, que son extremadamente pobres y muy maltratados, resisten y no se integran. Después de más de mil años siguen siendo islámicos y enemigos de los hindúes.

Esta experiencia ejemplar deberían estudiarla nuestros «izquierdistas», pues contrasta con el «facilismo» con el cual nosotros hablamos de integración.

Max Weber formuló la distinción fundamental entre «ética de la intención» *(Gesinnungsethik)* y «ética de la responsabilidad» *(Verantwortungsethik)*. La primera persigue el bien (tal como lo ve) y no tiene en cuenta las consecuencias. Aunque el mundo se hunda, la buena intención es lo único que vale. La ética de la responsabilidad, en cambio, tiene en cuenta las consecuencias de las acciones. Si las consecuencias son perjudiciales, debemos abstenernos de actuar.

Es obvio que la moralidad debe contemplar ambas características. Sin buenas intenciones (las cosas que se hacen por deber, porque son buenas) la ética no existiría. Pero sin el control de las consecuencias, sin el control de los efectos, la *Gesinnungsethik* sería autodestructiva. Si veo en el mar a una persona que se está ahogando, me tiro al agua y trato de salvarla, cueste lo que cueste. Pero si luego me ahogo yo también, el resultado será que tendremos dos muertos en vez de uno. ¿Es igualmente buena mi acción?

No. La ética de las buenas intenciones, que está hecha toda ella de fines y no de medios, de por sí solamente puede ser destructiva. Perjudica a todos y no le sirve a nadie. Un aspecto de la cuestión que no suele considerarse es el de quién paga los costes. Una vez derrumbado el mito comunista y, con él, el mundo soviético, la izquierda se echó en brazos de la «globalización». Así (en alegre compañía del timo de los derivados y de una economía financiera que ignora la economía productiva), se dedicó a gastar desenfrenadamente. Hoy en día más de la mitad de los Estados europeos no tienen ni un céntimo y están endeudados hasta las cejas.

Por no movernos de Italia, que después de Grecia es el Estado europeo más endeudado y tiene una tasa escalofriante de desempleo juvenil, ¿quién paga?, ¿quién puede pagar? En mi opinión, el «gran magnate» que más gasto provoca, dado que fomenta una inmigración prácticamente ilimitada, es la Iglesia católica.

El Vaticano posee muchísimos conventos casi vacíos, iglesias cerradas porque no tiene suficientes sacerdotes para mantenerlas abiertas y una colección de estatuas, cuadros y obras de arte de todo tipo que se vendería como el pan por centenares de millones de dólares. ¿No somos «católicos», es decir, universales? Si todo puede circular por todas partes, y si nosotros los italianos no tenemos «tesoros» sino un nuevo agujero de cinco mil millones de euros, el Vaticano podría echar una mano. ¿Es una buena ida? Veremos.

Capítulo 9

El alma no está en el espermatozoide

Para los católicos y para la Iglesia, nuestra Ley 40 sanciona el principio inderogable según el cual en el embrión, desde el momento mismo de la concepción, hay vida humana. De ahí se deduciría que el embrión es sujeto de «derechos». Ahora bien, nadie discute que el embrión es vida. Una piedra no tiene vida, pero todo lo que nace, se desarrolla y muere es vida. Las plantas son vida, los animales son vida.

Pero ¿cuál es la diferencia entre la vida en general, también la de una rosa o la de un mosquito, y la vida humana? Sabemos que, desde un punto de vista biológico, el genoma del chimpancé es en un 99,5 por ciento igual al del ser humano. Sin embargo, la diferencia entre un chimpancé y el *Homo sapiens* es inmensa.

¿Cuál es esa diferencia? ¿Por qué el embrión humano está protegido y el del chimpancé no? Si lo que debemos proteger es la vida, entonces de esa «vida y nada más» existen miles de millones de especies y variedades. Pero si lo que nos interesa específicamente es la protección de la vida humana, debemos establecer cuál es la vida humana y qué es lo que la hace serlo.

Hasta hace aproximadamente medio siglo lo sabíamos. *Grosso modo* (aunque hay excepciones) para la Iglesia y para la fe, el hombre se caracteriza por el alma, y el «alma racional», por decirlo como santo Tomás, llega tarde, en todo caso no en el momento de la concepción. Umberto Eco resume el pensamiento del *Doctor Angelicus:* Dios no introduce el alma racional hasta que el feto es un cuerpo ya formado, y por eso después del Juicio Universal, cuando los cuerpos de los muertos resuciten, «los embriones no participarán en esa resurrección: en ellos aún no se había infundido el alma racional y por lo tanto no son seres humanos» (*A paso de cangrejo,* 2007).

Para la filosofía, o para el pensamiento racional, el hombre se caracteriza por la razón, por la autoconciencia o al menos por los estados mentales psicológicos y autoconscientes. Para Locke, por ejemplo, la persona es un «ser consciente de sí» y «sin conciencia no hay persona». Pero he aquí que de repente la Iglesia católica se olvida del alma (y, con ella, de toda su teología) y se entrega a la biología, a la cual le hace decir que entre mi embrión y yo no hay ninguna diferencia: vida humana la suya, vida humana la mía. Sin embargo, la definición religiosa —repito— es y debe ser distinta; considera que el hombre es hombre porque está caracterizado por la presencia del alma. Esta es una definición que no comparto, pero respeto. Y me asombra que sea yo quien tenga que recordarla y defenderla mientras la Iglesia demuestra que la ha olvidado. Se me podría objetar que es obvio que el alma llega con el embrión. ¿Obvio? Obvio exactamente, no. Esta no ha sido nunca la doctrina de la Iglesia y he citado a santo Tomas para demostrarlo.

Un filósofo católico que al parecer sabe de esas cosas me responde que el de Aquino «es viejo» y que «no es necesario volver siete siglos atrás». Si es así, pobre Iglesia. Santo Tomás es viejo, más lo son san Agustín y la patrística. Y viejos también son los extraordinarios debates que han establecido cuál es la verdadera fe y cuál la herejía. La Iglesia católica lleva casi dos mil años basándose en este imponente equipaje teológico. Si se declara que es viejo y que está superado, entonces, ¿qué le queda?

Añadiría que la tesis de «embrión igual a persona» no la suscribe, que yo sepa, ninguna otra religión. No es compartida por la Iglesia anglicana ni por la mayoría de Iglesias protestantes. Y, lo que aún es más significativo, tampoco la comparten las demás religiones monoteístas. Según el Talmud, el libro sagrado del judaísmo, la doctrina es que el embrión se convierte gradualmente en persona en el segundo mes del embarazo, es decir, cuando el feto inicia la formación de los órganos. Asimismo, en la religión islámica el alma entra en el cuerpo cuarenta días después de la procreación, y de ahí que actualmente, en tierra islámica, la experimentación con embriones se admita sin problemas.

Ahora la sociedad cristiana de Occidente siente apego por la vida, no acepta morir sufriendo y confía en la medicina para que alivie las enfermedades que provocan dolor y causan la muerte. En Italia, cada año nacen treinta mil niños con graves malformaciones. ¿Es justo, es humano, permitir que nazcan así? La gente teme morir afectada por enfermedades terribles como el Parkinson o el Alzheimer, y la experimentación con embriones promete (tal vez erróneamente, pero eso no lo sabe ni siquiera la Iglesia) curar enfermedades que nos aterran. No se trata de poner en duda —también yo tengo muy firmes convicciones bioéticas— que la eugenesia solo debe ser curativa y no debe intentar nunca subir la cuesta peligrosísima de una humanidad genéticamente manipulada.

Entonces, ¿cuándo se vuelve propiamente humana la vida? La respuesta que no crea problemas es la respuesta obvia, es decir, que la persona humana, el individuo-persona, lo es cuando sale del útero de la madre, cuando empieza a ser fisiológicamente autónomo e independiente de ella. Este era el punto de vista del derecho (hasta la Ley 40 sobre la procreación asistida), que establecía la adquisición de la capacidad jurídica en el momento del nacimiento. Pero, cuidado, no es que la biología pueda sostener la tesis del embrión-persona. Al contrario: como hemos visto, la biología nos pone frente al hecho de que la especie humana comparte con los primates casi la totalidad de su patrimonio genético; que el corazón (el primer órgano que se vuelve funcionalmente activo en la organogénesis) no empieza a latir hasta la cuarta semana después de la fecundación, y que un altísimo número de embriones se pierden, es decir, que la mayor parte de las veces el embrión no se convierte en un niño.

Y sin embargo, la Iglesia sigue pidiendo a los juristas católicos y a los biólogos católicos que suscriban la tesis de que el embrión ya es un ser humano. Pero quien la suscribe lo hace como creyente, no como jurista o como científico. Porque esa tesis es racionalmente insostenible.

O sea que estamos donde estábamos. La religión no existe para hacer nacer cuantas más personas mejor (ya sufrimos, globalmente, de superpoblación) y menos aún para prolongar artificialmente la existencia (durante décadas) de una vida puramente vegetal. La religión existe para vencer a la muerte, para prometer al hombre la inmortalidad.

Y para este fin, es necesaria el alma. Sin el alma no hay resurrección de los muertos ni vida eterna.

Y por eso la Iglesia debe saber decirnos cuándo aparece. Pero como no se atreve a desmentir toda su teología (que siempre ha excluido que el «alma racional» llegue en el instante de la concepción), no dice nada o rehúye entrar en el tema de cuándo el alma empieza a «animar al hombre». El resultado que estamos viendo es una religión que se empobrece con una concepción biológica de la vida, que acusa de homicidio a quien deja morir una «vida vegetativa» que mentalmente ya está muerta y que hace prevalecer la potencialidad de vida de un embrión por encima de la «vida espiritual» (autoconsciente) de quien actualmente está vivo y pide que los progresos de la medicina lo curen. El legado de santo Tomás es de una *ratio confortata fide.* Pero hoy en día tropiezo cada vez más con una fe que margina la razón y lo razonable.

Capítulo 10

El embrión y la persona

Si, como me deseó un simpático lector tiempo atrás, me hubieran matado cuando era un embrión, no me habría dado cuenta y ni siquiera habría sufrido por ello. En cambio, como persona humana, sé que tendré que morir y quizá incluso que sufrir. Y el argumento lógico es el siguiente: si bien un embrión *será* una persona, un embrión todavía no lo *es*.

Sin embargo, hace tiempo, el cardenal Scola lo formuló así: «Yo soy Angelo Scola, de sesenta y tres años, patriarca de Venecia, porque fui aquel embrión».

He lamentado con frecuencia, también en el capítulo anterior, que la Iglesia no se acuerde ya del alma (del alma infundida por Dios), y ahora descubro que nuestro buen cardenal olvida incluso el libre albedrío. Y sin libre albedrío no hay culpa ni mérito: todo está ya determinado *ab ovo*. Pero yo sigo creyendo en el libre albedrío, me creo responsable de lo que hago, y por lo tanto le concedo poquísimos méritos, o deméritos, a mi embrión.

Admito que el embrión ha preestablecido la longitud de mi nariz, el color castaño de mis ojos y otros atributos de mi belleza física, pero no le concedo ni un miligramo más. No podría aunque quisiera. Volvamos, pues, al alma y tratemos de aclarar, de nuevo con ayuda de santo Tomás, qué distingue a sus tres «formas». La primera es el «alma vegetativa», en la cual «el embrión vive la vida de la planta»; luego «le sucede un alma más perfecta, que es a la vez nutritiva y sensitiva, y entonces el embrión vive la vida del animal», y la tercera es el «alma racional, que es infundida desde el exterior» (*Summa Theologiae,* I, 90, 3*c*).

Así pues, el alma presente en el embrión sería para nuestro *Doctor Angelicus* únicamente vegetal (vive la vida de una planta), mientras que yo, más generosamente, le reconozco ya una vida animal; con lo cual sigue manteniéndose en pie que el alma que califica la vida humana es el alma racional, que es infundida por Dios y llega tarde, cuando el feto ya está formado. Y como el tomismo es la estructura que sostiene no solo la escolástica, sino toda la teología católica, respecto al embrión, yo me siento teológicamente tranquilo.

Y como me siento tranquilo, digo, usando la razón, que la vida humana empieza con el «darse cuenta» y que no hay que caer en la confusión entre vida y vida humana. Pero entonces, ¿cuál es la diferencia entre cualquier vida y la vida humana? En el pasado la respuesta era el alma, el alma es lo que determina el ser del hombre. Pero hoy, repito, ya nadie se acuerda del alma, la Iglesia ya casi nunca habla de ella. La omisión es sorprendente. Pero da igual.

En cuanto a lo que provoca la chispa de la vida en los primates y, específicamente, en el hombre (nos saltamos en aras de la brevedad todas las demás formas de vida), la respuesta ahora ya es segura: empieza en el momento de la fecundación, de la unión del espermatozoide masculino con el gameto femenino. Pero, normalmente (la pregunta es inevitable), ¿esta fecundación es ya en ese momento vida humana? La fe, si así se lo imponen sus autoridades, debe responder que sí, y el católico, si lo apuran, pondrá por delante su fe, como debe ser. Pero la razón, como veremos, debe responder que no.

Pasemos a la razón, al argumento racional. En este contexto, el argumento es que la vida humana es distinta de la vida animal porque el hombre es un ser capaz de reflexionar sobre sí mismo y, por lo tanto, se caracteriza por la autoconciencia. El animal no sabe que debe morir, el hombre sí. El animal sufre físicamente porque está dotado de sistema nervioso, pero el hombre sufre también psicológica y espiritualmente. Digamos, entonces, que la vida humana empieza a ser distinta de la de cualquier otro animal superior cuando empieza a «darse cuenta». Y no, evidentemente, cuando está en el útero materno.

La Iglesia afirma que la ciencia ha demostrado que el embrión es un individuo humano y, como tal, no se le puede matar. Pero no es así. La ciencia está sometida, en su argumentación, a las reglas de la lógica.

Empecemos desde el principio de la identidad: $a = a$. Aquí lo importante es que la lógica no es diacrónica, no sigue la metamorfosis de una entidad en el tiempo. Ahora bien, es muy cierto que el proceso del desarrollo de cualquier embrión hasta cualquier ser es continuo, pero el principio de identidad afirma que *a* es *a*, no que *a* será *a*. La lógica no permite declarar que una bolita de caviar es igual que un esturión. Y, por lo tanto, debo insistir: el argumento de que un embrión es igual a un ser humano, que *es* un individuo-persona porque *será* un individuo-persona, es lógicamente inaceptable.

Del mismo modo, no puedo aceptar la forma en que quien rebate mi razonamiento fuerza el principio de no contradicción, sosteniendo que yo debería afirmar (de lo contrario me contradiría) que el paciente anestesiado, el anciano demente y el lesionado cerebral deben ser tutelados «por considerarlos vida animal». Pero no es así. Como ya he explicado, el atributo de la conciencia denota una capacidad. Y si dicha capacidad se adormila o se atrofia, una persona humana que lo es sigue siéndolo.

Este librito es un cuadernillo inspirado por mi atávico espíritu de contradicción. Todo el mundo me dice: en verano nadie puede leer cosas serias, miran pechos y mujeres desnudas y se dejan arrastrar por avalanchas de curas de belleza (además de por terapias para curar males de los que la mayoría ni siquiera ha oído hablar).

Yo, en junio, ya me había cansado de estas cosas y entonces me pregunté: ¿será verdad que el libro serio en verano no lo quiere nadie? Para saberlo hay que probarlo. En el peor de los casos, no venderé ni uno.

Roma, 4 de junio de 2015

Obras citadas

Constant, Benjamin, *Sobre el espíritu de conquista. Sobre la libertad en los antiguos y en los modernos,* Madrid, Tecnos, 2002.

Cotta, Sergio, *Las raíces de la violencia,* Pamplona, Eunsa, 1987 [ed. cit.: *Perché la violenza? Una interpretazione filosofica,* L'Aquila, Japadre, 1978].

Eco, Umberto, *A paso de cangrejo,* Madrid, Debate, 2007.

Engels, Friedrich, *Anti-Dühring: la revolución de la ciencia por el señor Eugen Dühring,* Madrid, Fundación Federico Engels, 2014.

Galtung, Johan, *Sobre la paz,* Barcelona, Fontamara, 1985.

Huntington, Samuel, *El choque de civilizaciones y la reconfiguración del orden mundial,* Barcelona, Paidós Ibérica, 2008.

Huxley, Aldous, *Un mundo feliz,* Madrid, Cátedra, 2014.

Nieburg, Harold L., *Political Violence: The Behavioral Process,* Nueva York, Sr. Martin's Press, 1969.

Sartori, Giovanni, *Homo videns: la sociedad teledirigida,* Madrid, Taurus, 2002.

—, *La sociedad multiétnica: pluralismo, multiculturalismo y extranjeros,* Madrid, Taurus, 2001.

Sorel, Georges, *Reflexiones sobre la violencia,* Madrid, Alianza Editorial, 2005.

Tomás de Aquino, *Suma Teológica,* Madrid, BAC, 2010.

Toynbee, Arnold, *Estudio de la historia,* obra completa, Madrid, Alianza Editorial, 1991.

Este libro
se terminó de imprimir en
Casarrubuelos, Madrid,
en el mes de junio de 2024